STATUTS, PRIVILÉGES, ORDONNANCES

ET

RÉGLEMENS

DE LA COMMUNAUTÉ

DES

MAISTRES BOULANGERS

De la Ville, Fauxbourgs & Banlieue de Paris.

A PARIS;

De l'Imprimerie de MOREAU, rue Galande, à la Toison d'Or.

M. DCC. LVII.

CES NOUVEAUX STATUTS

ont été enregistrés & imprimés par les soins & du temps de Messieurs

FRANÇOIS BRIVOT.

LOUIS-JEAN-BAPTISTE BARRE.

GABRIEL-HUBERT DHORGNY.

JEAN JESSÉ.

SEBASTIEN CLAUDE LAPAREILLÉ.

JEAN-MARTIN JARDIN.

ANTOINE-NICOLAS MEGRET, Doyen.

STATUTS

ET

RÉGLEMENS

DE LA COMMUNAUTÉ

DES

MAÎTRES BOULANGERS

de la ville & fauxbourgs de Paris.

ARTICLE PREMIER.

La Communauté des Maîtres Boulangers de Paris fera & demeurera compofée de fix Jurés, des anciens Jurés, & généralement de tous les Maîtres qui ont été ou feront reçus Maîtres.

A

I I.

Sera fait, tous les ans, élection de trois Jurés : chaque Juré exercera sa jurande deux ans consécutifs ; ensorte que chacun an trois nouveaux entreront en charge, & il en sortira pareil nombre.

III.

L'élection des Jurés se fera le premier jour d'octobre, à la pluralité des voix, en la présence du Procureur du Roi du Châtelet, au bureau de la communauté, où elle sera assemblée & représentée par le Doyen, les Jurés en charge, par les anciens Jurés, & vingt Modernes, & vingt Jeunes Maîtres, qui seront mandés les uns après les autres successivement, suivant l'ordre du tableau, par billets imprimés, à la diligence des Jurés en charge; & tous les mandés seront tenus de se trouver en ladite assemblée, à peine de dix livres d'amende, hors le cas d'un légitime empêchement : ladite amende applicable moitié à l'Hôpital général, & l'autre moitié à ladite communauté.

IV.

Les Jurés seront personnes connues pour avoir de l'expérience & de la probité, & seront choisis entre les plus notables des Maîtres de la communauté; & nul Maître ne pourra être nommé Juré, qu'il n'ait exercé la maîtrise au moins pen-

dant dix ans, avec boutique ouverte.

V.

Si le fils d'un Juré eſt élu
Juré, il précédera les deux autres, quand même ceux-ci ſeroient fils de Maîtres, & auroient plus d'âge & un plus
grand nombre de voix.

V I.

Le premier des trois Jurés
entrans ne ſera comptable que
la deuxième année de ſa jurande ; & ſera chargé de recevoir
& employer les deniers de la
communauté, ſuivant qu'il ſera
dit ci-après : les deux autres ſerviront de Controlleurs, pour aſſiſ-
ter & être préſens à la recette

& dépenſe deſdits deniers.

VII.

Le Procureur du Roi du Châtelet délivrera à Chacun des trois nouveaux Jurés une commiſſion contenant leur élection & preſtation de ſerment.

VIII.

Les deniers qui ſeront reçus par le Juré comptable ſeront mis, à fur & à meſure qu'il les recevra, dans un coffre fermant à trois clefs, & qui demeurera dépoſé dans le bureau de la communauté, dont le Doyen, le Juré comptable, & le premier des trois Jurés nouvellement élus, auront chacun une clef dudit coffre; & ſeront tenus de se trouver au bureau, avec leurs clefs, lorsqu'ils y seront appellés, à peine de dix livres d'amende. Ne sera mis, ni ôté dudit coffre aucune somme qu'en la présence & du consentement du Doyen, de deux Jurés & des quatre Controlleurs, qui seront mandés au bureau, à cet effet, aux jours ordinaires.

IX.

Ne pourra être fait aucun paiement ni dépense que par délibération des Anciens, prise au bureau de la communauté, & insérée au regiftre ordinaire d'icelle. Ne sera pareillement fait aucun paiement qu'audit bureau.

X.

Sera dépofé au bureau un regiftre paraphé par le Procureur
du Roi du Châtelet, dans lequel
fera fait un état de l'argent qui
fera donné aux Officiers de la
communauté, & où l'on détail-
lera l'état des affaires : fera encore fait mention, dans le même regiftre , des accommode-
mens qui pourroient être faits,
& de l'argent reçu pour iceux.

XI.

Les comptes de Jurande feront d'abord mis entre les mains
des Jurés , pour être préfentés
à la plus prochaine affemblée,
où ils feront examinés ; feront
enfuite remis au Juré comptable,

qui les rendra au plus tard dans le premier de novembre de chaque année ; & arrêtés au bureau de la communauté en l'affemblée qui fera convoquée, pour cet effet, par billets imprimés : & ladite affemblée fera compofée des Jurés en charge, des anciens Jurés, de dix Modernes qui feront appellés fucceffivement par ordre du tableau, pour arrêter lefdits comptes.

XII.

Sera fait un regiftre contenant l'état de l'argent qui aura été tiré du coffre, & celui qui y fera mis. Le comptable , qui fe trouvera reliquataire, payera, lors de la clôture de fon compte, ce qu'il devra ; & s'il fe trouve en avance, il fera payé des deniers étant dans le coffre de la communauté ; & s'il n'y en a point, des premiers deniers qui y entreront : dans le cas qu'il furvînt des conteftations fur le compte au fujet de quelque article de la recette & dépenfe d'icelui, elles feront jugées fommairement en la manière accoutumée.

XIII.

Les Jurés en charge & les Anciens feront tenus de s'affembler, tous les lundis & jeudis, dans le bureau de la communauté, pour y délibérer des affaires d'icelle, & paffer les brevets d'apprentiffages : le tout fera fait par délibération , lefquelles, auſſitôt qu'elles auront été arrêtées, ſeront écrites ſur le regiſtre de la communauté deſtiné à cet effet, & ſignées des Jurés en charge & Anciens qui ſe trouveront en l'aſſemblée, ainſi que des quatre Adjoints ou Controlleurs, qui ſeront nommés à tour de rôle, aux termes de la délibération de la communauté du vingt ſeptembre mil ſept cent trente-huit.

XIV.

Pour le bon ordre & l'arrangement des affaires de la communauté, il y aura dans le bureau d'icelle ſept différens regiſtres : dans le premier ſeront inſcrites toutes les délibérations qui ſeront paſſées dans ladite communauté ; le second contiendra les brevets d'apprentiſſage ; dans le troiſième ſeront inſcrits tous les chefs - d'œuvre de ceux qui aſpireront à la maîtriſe de Boulanger ; le quatrième ſervira pour enregiſtrer toutes les réceptions de Maîtres , ſoit en qualité de fils de maître , ou ceux reçus par chef-d'œuvre. Le cinquième contiendra les comptes des Jurés , où ſeront tranſcrits les différens articles de recette & dépenſe ; le ſixième ſervira pour inventorier toutes les différentes affaires de la communauté , pendantes au Châtelet, au Parlement & au Conſeil, dans des articles ſéparés ; & inſcrire tous les titres, arrêts, ſentences & réglemens qui concernent ladite communauté, pour y avoir recours quand il sera néceffaire; & le septiéme enfin sera destiné pour inscrire les brevets d'apprentissage des apprentifs qui auroient quitté leurs maîtres avant leur temps fini.

XV.

Dans les affemblées générales où il s'agira d'affaires de la communauté, sera payé aux Jurés & Anciens vingt sols pour droit de préfence, afin d'exciter les Anciens à s'y trouver régulièrement, & délibérer plus murement sur lesdites affaires; lequel droit de vingt sols sera pris sur les fonds de la communauté : à la charge cependant, par les Jurés & Anciens, de fe trouver au

bureau avant quatre heures : fi-
non, ladite heure paſſée, feront
privés dudit droit de préſence,
qui ne fera diftribué qu'à ceux qui
viendront avant ladite heure ;
qu'au moyen de leur fignature fur
le regiftre des délibérations.

XVI.

Nul ne pourra être reçu Maître dudit métier de Boulanger,
s'il n'a vingt-deux ans accomplis,
s'il n'eſt trouvé de bonne vie &
mœurs, & s'il n'eſt de la religion
catholique, apoftolique & ro-
maine, ni attaqué d'aucun mal
dangereux qui fe puiſſe communiquer ; comme auſſi s'il n'a fait
apprentiſſage pendant trois ans
entiers & conſécutifs, fans in-
terruption ; & fi, après ledit

apprentiſſage fini , il n'a ſervi les Maîtres ou leurs veuves pendant le même temps de trois ans, en qualité de compagnon : ce que chaque apprentif ſera tenu de juſtifier par la repréſentation de ſon brevet d'apprentiſſage en bonne & due forme, regiſtré ſur le regiſtre de la communauté, & par des certificats de trois années de ſervice, paſſés devant notaires, le tout à peine de nullité : & ſans leſquels brevets & certificats ils ne pourront parvenir à la maîtriſe.

XVII.

Les fils de Maîtres, nés depuis la maîtriſe de leurs pères, ſeront exceptés du contenu en l'article ci-deſſus, & pourront être reçus Maîtres auſſitôt qu'ils auront atteint l'âge de dix-huit ans, ſans être tenus d'autres cho-ſes, que de rapporter la lettre de maîtriſe de leur père & leur extrait baptiſtaire : les fils nés avant la maîtriſe de leur père feront apprentiſſage, & ſerviront les Maîtres de même que les étrangers ou apprentifs.

XVIII.

Les apprentifs, ſoit étrangers, ou fils nés auparavant la maîtriſe de leur père, aſpirans à la maî-triſe, ne pourront y parvenir que par chef-d'œuvre, & ſeront tenus d'apporter leurs brevets & certi-ficats de ſervice aux Jurés en charge, qui les communiqueront aux Anciens en la plus prochaine affemblée au bureau ; pour laquelle les Jurés en charge convoqueront par billets les Anciens, quatre Modernes, & quatre jeunes Maîtres, fucceffivement par ordre du tableau : l'afpirant y fera propofé ; & après que le brevet d'apprentiffage & le certificat de fervice auront été lus & examinés , s'il ne paroît aucun défaut dans la perfonne, ni dans les titres de l'afpirant, il fera délibéré tant fur le jour que l'afpirant fera préfenté , que fur celui auquel il fera chef-d'œuvre ; & il lui fera nommé un Meneur, qui fera pris à tour de rôle parmi les Anciens, pour faire les vifites accoutumées.

XIX.

X I X.

L'aspirant avec le Maître con-
ducteur & les six Jurés en charge acheteront, pour faire le chef-
d'œuvre de l'aspirant, trois sep-
tiers de bonne farine qui seront
employés & convertis, par l'aspirant, en diverses sortes de pâ-
tes & de pains, suivant qu'il lui
sera prescrit, pour être ensuite
distribués en la manière accoutumée; & l'aspirant, pour raison
dudit chef-d'œuvre seulement,
payera trois livres au Meneur,
pareille somme de trois livres à
chacun des six Jurés en charge;
& si le chef-d'œuvre est jugé bon
& admis, l'aspirant sera présenté
par les Jurés en charge, au Procureur du Roi du Châtelet, pour

B

être par lui reçu, faire & prêter le serment accoutumé : au contraire, fi le chef-d'œuvre eft jugé défectueux ou non recevable, ledit apprentif fera renvoyé pour fervir les Maîtres pendant un temps convenable, à l'effet de fe rendre plus capable ; ou bien fera un nouveau chef-d'œuvre, fuivant qu'il fera avifé par les Jurés, les Anciens, & lefdits quatre Modernes & quatre Jeunes ; & en cas de partage fur avis différens, ainfi qu'il fera jugé & ordonné par le fieur Lieutenant général de Police.

X X.

Les fils nés depuis la maîtrife de leur père ne feront tenus que de faire une légère expé-

rience d'une mine de farine ; &
cette expérience pourra être faite en la maison du père, s'il eſt
Juré en charge ou Ancien. Les
fils de Maîtres non Jurés, ni Anciens, feront tenus de la faire
dans la maiſon de l'un des Jurés en charge ; & au ſurplus, il
en fera uſé ſuivant qu'il a été
ci-devant preſcrit pour la preſtation de ferment.

X X I.

Le droit de maîtriſe au profit
de la communauté demeurera
fixé à l'avenir ; ſçavoir, pour les
apprentifs ſimples, ou fils de
Maîtres nés avant la maîtriſe de
leur père, à la ſomme de quatre
cent livres ; & pour les fils de
Maîtres, nés depuis la maîtriſe

de leur père, à cent livres, outre & par-dessus les frais ordinaires de chef-d'œuvre ou de légère expérience de réception au bureau, droit de confrérie, & de lettres de maîtrise, conformément à l'arrêt du Conseil du 22 mai 1745, dérogeant à cet égard à celui du douze juin 1740.

XXII.

Les droits de réception au bureau seront de douze livres pour la confrérie, trois livres pour le luminaire d'icelle; lesquelles deux sommes seront remises au Juré comptable pour en faire la destination ainsi qu'il appartiendra : les apprentifs simples ou fils de Maîtres nés auparavant la maîtrise de leur père, paieront, outre lesdits droits, six livres à chacun des six Jurés, trois livres à chacun des Anciens, trente fols à chacun des quatre Modernes & des quatre Jeunes Maîtres qui feront appellés à la réception, & trois livres à chacun des deux Clercs : & les fils de Maîtres nés depuis la maîtrise de leur père ne paieront que la moitié desdits droits aux Anciens, Modernes & Jeunes, & aux Clercs.

XXIII.

Tous les jeunes Maîtres feront obligés, à peine de trois livres d'amende, non compris les frais, de faire porter pendant trois années confécutives, après leur réception, un cierge du poids d'u-

ne livre chez le Juré comptable, maître de confrérie, pour
la deftination qui en fera par lui
faite & les autres Jurés de ladite
communauté.

XXIV.

Tous les Maîtres, fans aucune exception, paieront quarante-
cinq fols par an pour la confrérie, & les veuves des Maîtres ne
paieront que vingt-deux fols fix
deniers : le montant dudit re-
couvrement fera employé à la
célébration du fervice divin, qui
fe doit faire aux fêtes de faint
Honoré & de faint Lazare, &
aux fervices des Trépaffés, qui
fe célèbrent le lendemain defdites fêtes, pour tous les Maîtres,
leurs femmes ou veuves de ladite
communauté.

XXV:

Seront tenus les Jurés de rendre compte de la recette de la confrérie, au plus tard dans le mois de juin, pour la fête de saint Honoré, & dans le mois de septembre, pour la fête de saint Lazare.

XXVI.

Nul Maître ne pourra s'affocier avec une autre perfonne qui ne fera point Maître, à peine de cent livres d'amende contre le Maître & le compagnon ou apprentif qui fe feroit affocié , & ne pourra parvenir à la maîtrife; à quoi les Jurés tiendront exactement la main ; & auffi-tôt qu'ils en auront eu avis, ils feront tenus d'en communiquer aux Anciens ; à peine de répondre de l'amende en leur propre & privé nom, & même de privation de leur Jurande, s'il y écheoit.

XXVII.

Nul Maître ne pourra tenir boutique ouverte, s'il n'a actuellement un four dans la même maison pour cuire le pain, à peine de cent livres d'amende : comme aussi nul Maître ne pourra tenir deux boutiques ouvertes.

XXVIII.

Tous les Maîtres ayant four & tenant boutique, pourront indistinctement faire toutes sortes de pains, & les vendre en leur boutique, de même que le

pain

pain mollet, pain de table, petits pains au lait, à la ſégovie, à
la reine, & ſous telles autres
dénominations, & ſous quelque
forme & figure que ce puiſſe
être, pourvu qu'il n'y entre que
du lait & ſel ; le tout pour la
commodité du public.

XXIX.

Les Maîtres de la ville & des
fauxbourgs pourront envoyer de
gros pains dans la halle & marchés aux jours accoutumés, &
feront tenus de le faire du poids
ordonné par les Réglemens de
Police.

XXX.

Les Boulangers de Goneſſe &
autres forains ne pourront appor-

ter à Paris du pain que les Mercredis & Samedis , jours ordinaires de Marché , à peine de confiscation & de vingt livres d'amende, applicable , moitié aux Enfans-Trouvés , & moitié à la Communauté : & ne pourront aussi lesdits Boulangers exposer leur pain en vente , ni s'arrêter dans les rues de la ville avec leurs charettes ou chevaux, sous quelque prétexte que ce soit, même celui de délivrer du pain aux Bourgeois ; & ils seront tenus de le vendre & exposer en vente dans la Halle & autres lieux destinés pour la vente du pain , sans qu'ils puissent porter lesdits pains dans aucunes maisons de la ville & fauxbourgs de Paris , sous le nom de prati-

ques, à peine de confifcation &
de cent livres d'amende, applicable comme deffus : Et feront
tenus les Jurés en Charge de
veiller à l'exécution dudit article; & en cas de conteftation de
la part defdits Forains , lefdits
Jurés les feront affigner par devant le fieur Lieutenant-Général de Police, pour y être ftatué
ainfi qu'il appartiendra.

X X X I.

Tout le pain qu'ils apporte-
ront fera cuit du jour précédent,
au moins du poids de trois livres;
& ils ne le pourront faire enlever des marchés qu'après l'heure
marquée par les Réglemens de
Police : le tout à peine de confifcation & de trente livres d'a-

mende, applicable comme des-
fus.

XXXII.

S'ils n'ont point vendu, dans
la matinée, tout le pain par eux
apporté, ils ne pourront mettre
& laiffer dans les maifons voifines des marchés ce qui leur fera
refté, ni le donner aux regra-
tiers ; mais pourront feulement
le laiffer en vente jufques à trois
ou quatre heures de relevée :
après lequel temps, le pain qui
n'aura pas été par eux vendu ne
pourra être emporté ni ferré pour
être expofé aux jours de marchés
fubféquens, mais fera mis au ra-
bais : & défenfes font faites aux
Boulangers de hauffer du matin
à l'après-dîner le prix du pain :

le tout à peine de cinquante livres d'amende, tant contre les
Boulangers que contre les particuliers qui auront reçu ou ferré le pain reſtant, & de confiſcation.

XXXIII.

Ne pourront auſſi leſdits Boulangers forains ni autres, ſoit du
dehors, ſoit de la ville ou des
fauxbourgs, donner aucun pain
pour revendre & regrater par les
rües ni ailleurs ; & défenſes ſont
faites à tous particuliers de revendre & de regrater du pain
dans les marchés ni dans quelque lieu de la ville que ce puiſſe
être, à peine de confiſcation &
de dix livres d'amende, payable
ſans déport, & applicable comme deſſus.

C ij

XXXIV.

Les Boulangers forains, ni ceux qui sont établis dans quelques lieux prétendus privilégiés de la ville ou des fauxbourgs, ne pourront faire du pain au-dessous du poids de trois livres, suivant qu'il a été ci-devant ordonné ; ni en apporter ou vendre au marché, ni faire & exercer l'art & profession de Boulanger dans la ville, à peine de confiscation, & de cinquante livres d'amende, applicable ainsi qu'il a été dit ci-dessus : comme aussi ne pourront lesdits Boulangers forains, & ceux établis dans lesdits lieux prétendus privilégiés, apporter ou vendre auxdites places & marchés publics de Paris aucuns

pains mollets de quelque poids
que ce soit, à peine de saisie-
confiscation desdits pains, & de
cinquante livres d'amende ; à
l'effet de quoi les Jurés en charge pourront se transporter dans
lesdites places & marchés publics,
pour veiller à l'exécution dudit
article.

X X X V.

Les Jurés pourront faire sai-
sir & enlever le pain que les re-
gratiers & regratières colporte-
ront ou exposeront en vente dans
les rues ou aux portes des églises,
pour être ledit pain confisqué, &
appliqué suivant qu'il sera ordonné par le sieur Lieutenant-
Général de Police.

XXXVI.

Défenses font pareillement faites aux maîtres Boulangers de Paris, de faire rouler dans les rues des charettes remplies de pains, pour les diſtribuer & vendre au public ; à l'exception des Maîtres Boulangers demeurans dans les fauxbourgs de Paris, qui auront toujours le droit de ſe ſervir, s'ils le jugent à propos, de charettes & de chevaux avec des paniers, pour envoyer du pain à leurs pratiques.

XXXVII.

Les Jurés Boulangers pourront faire abbatre les fours des particuliers, qui, ſans avoir été reçus Maîtres, font le métier de Boulangers; pourront auſſi enlever les uſtenſiles & marchandiſes ſervant à la profeſſion: & leſdits particuliers ne pourront rétablir aucuns deſdits fours, à peine de cinq cent livres d'amende pour la première fois, & de punition corporelle en cas de récidive.

XXXVIII.

Les trois frères de l'hôpital Royal des Quinze-vingts qui ſeront nommés & choiſis par les directeurs dudit hôpital, & dont les noms ſeront donnés aux Jurés de la communauté à fur & à meſure qu'il y aura du changement, auront ſeuls la faculté de faire façonner & cuire du pain pour le vendre & débiter , sans qu'aucuns autres frères dudit hôpital puissent faire ledit métier de Boulanger , ni vendre du pain : & lesdits trois freres réservés n'en pourront vendre , sinon dans l'enclos dudit hôpital , ou à ceux du dehors qui en viendront querir dans leurs boutiques , & non autrement ; sans qu'ils puissent en porter , ni faire porter hors dudit hôpital que pour être exposé en vente dans les halles & marchés aux jours ordinaires qui y sont destinés.

XXXIX.

Nulles personnes autres que les Maîtres de la communauté des Boulangers , & les maîtres Grainiers & Grainières ; ne pourront

vendre ni acheter fon ou farines
de bled-froment pour les revendre ; & nuls autres que les Boulangers ne pourront avoir ou tenir fours & moulins à bluter dans
leurs maifons, à peine de faifie &
de confifcation de ce qui fera
trouvé en contravention, & de
trente livres d'amende. Les Suif-
fes établis en France, & autres
étrangers devenus regnicoles, foit
des maifons royales, maifons de
fils & petits-fils de France, Prin-
ces du fang, Ducs & Pairs, &
autres feigneurs, ne pourront auffi faire, ni exercer ledit métier de
Boulanger, ni tenir boutique directement ou indirectement, ni
ceux qui fe prétendroient privilégiés du Grand-Confeil, & généralement aucuns autres que

ceux qui auront lettres ou brevets de privilège de Sa Majesté.

XL.

Sera permis aux Jurés Boulangers d'aller en visite chez les privilégiés du Grand Prévôt de l'Hôtel, toutesfois & quantes qu'ils le jugeront à propos : lesquels privilégiés seront tenus de se conformer en tout aux Statuts & Réglemens de la communauté des Boulangers, sans que le sieur Grand - Prevôt de l'Hôtel puisse distribuer aucuns de ses privilèges à des femmes & filles.

XLI.

Les Jurés Boulangers pourront aller en visite dans les fauxbourgs Saint Antoine, & autres lieux

prétendus privilégiés, où il y aura quelques perſonnes établies fai-
ſant métier de Boulanger, pour
examiner le poids & la qualité du
pain, ſuivant les Réglemens de
police, faire ſaiſir ce qui ne ſe
trouvera pas conforme auxdits
Reglemens, & aſſigner les contrevenans pardevant le ſieur Lieutenant général de Police, pour
faire ordonner la confiſcation des
choſes ſaiſies, avec condamna-
tion d'amende.

XLII.

Les Jurés iront auſſi chez les
Meuniers, pour reconnoître s'il
ne ſe commet aucun abus dans la
mouture par le mélange du bon
grain avec le mauvais, & des
grains ſervant pour les Braſſeurs

de bierre avec ceux dont uſent les Boulangers. Seront tenus les Meuniers d'avoir un regiſtre où ils inſcriront les noms des Boulangers qui leur enverront du grain ; & marqueront la quantité du grain qu'ils recevront , enſemble le jour de l'envoi ; marqueront auſſi la quantité de farines qu'ils rendront. Leſdits Jurés Boulangers tiendront auſſi la main à ce qu'il y ait dans leſdits moulins un fléau de fer garni de ſes poids bien étalonnés, pour peſer les farines qu'ils rendent à chacun deſdits Boulangers : & en cas que leſdits poids & fléaux ne ſe trouvaſſent pas être juſtes, leſdits Meuniers ſeront aſſignés en la Chambre de Police, pour être condamnés en telle peine &

amende qu'il appartiendra.

XLIII.

Est enjoint pareillement auxdits Jurés de faire leurs visites dans les maisons des Cabaretiers, Taverniers - Hôtelliers & vendans vins, de la ville & fauxbourgs de Paris, pour y voir & reconnoître s'ils ne vendent d'autre pain que celui permis ; s'il est de bonne qualité : & ne pourront lesdits Cabaretiers, Taverniers-Hôtelliers & vendans vins, acheter, vendre ni débiter en leurs maisons, Cabarets & Hôtelleries, d'autres petits pains que ceux faits par lesdits Maîtres Boulangers de Paris ; sans qu'ils puissent vendre ni debiter de gros pain, soit entier, soit coupé par

morceaux, provenans des Boulangers de Goneſſe & autres Forains, à ceux qui iront chez eux;
à peine de confiſcation, cinq cent livres d'amende : & il leur ſera permis d'en acheter ſeulement pour leur famille & domeſtiques, dans les marchés, pourvu que leſdits pains ſoient marqués du nom du Boulanger forain qui leur aura vendu.

XLIV.

Pourront les maîtres Boulangers vendre les iſſus de leur métier, qui ſont gruau, recoupe, recoupette, ſon, farine & braiſe.

XLV.

Les veuves des Maîtres, pendant qu'elles demeureront en viduité,

duité , jouiront de la maîtrise &
droits d'icelle, ainsi que faisoient
leurs défunts maris ; sans qu'elles
puissent néanmoins prendre, ni
obliger aucun nouvel apprentif,
mais seulement faire achever le
temps qui restera à expirer pour
l'apprentissage des apprentifs que
leurs maris auront obligés : le
tout à condition, & non autrement, que lesdites veuves jouiront desdits droits de la maîtrise
par elles - mêmes , non pas par
d'autres directement ou indirectement, & prétant leur noms, pas-
sant baux à loyers , nien quelque sorte & manière que ce puisse être ; à peine de déchéance
desdits droits , & de cinquante
livres d'amende.

D

XLVI.

Ne pourront les maîtres Boulangers recevoir ni retenir chez eux les compagnons d'un autre Maître, ni les employer, qu'auparavant ils ne sçachent si le précédent Maître a été content des services desdits compagnons, & s'il ne veut pas les retenir. Lesdits compagnons seront tenus, pour cet effet, d'en repréſenter un certificat qui demeurera entre les mains du nouveau Maître chez qui il entrera. Ils ne pourront quitter ledit Maître ſans l'avoir averti quinze jours auparavant : à peine, en cas de contravention en l'un & l'autre cas, de vingt livres d'amende, applicable comme deſſus, & payable, tant par

le compagnon, que par le maître
qui l'aura reçu & pris à son
fervice.

XLVII.

Défenfes font faites à tous
compagnons dudit métier de porter aucunes armes à feu , épées
ou bâtons, dans les halles & marchés publics, ou aux portes lorfqu'ils s'y rendront pour le fait de
leur métier, comme auffi de blaf-
phemer le faint nom de Dieu,
& de manquer d'obéiffance en-
vers leurs Maîtres ; & après un
avertiffement par écrit , ou en
plein bureau, qui leur fera fait
par les Jurés , ils pourront être
pourfuivis fuivant la rigueur des
ordonnances, & condamnés en
dix livres d'amende, ou en plus

grande peine, s'il y écheoit.

XLVIII.

Les compagnons de dehors ne pourront être reçus à travailler chez les Maîtres qu'après avoir donné leur nom aux Jurés, & payé une fois feulement vingt fols au profit de la communauté, au moyen du certificat qui fera donné auxdits compagnons pour être admis au fervice des Maîtres ou veuves qui en auront befoin ; & ne pourront acquérir droit de maîtrife à Paris, quelqu'efpace de temps qu'ils demeurent chez les Maîtres, s'ils n'y font apprentiffage.

XLIX.

Ne pourra aucun apprentif par

venant à la maîtrife , s'établir aux environs de la boutique de fon maître , ou dans les rues adjacentes plus voifines que deux rues.

L.

Lorfque les Maîtres , veuves de Maîtres , & tous autres exerçans le métier de Boulanger , feront mandés au bureau par les Jurés , ils feront tenus de s'y rendre , à peine de trois livres d'amende, applicable comme deffus.

LI.

Nul ne fera admis à l'apprentiffage qu'il n'ait quatorze ans accomplis ; & aucun Maître n'aura chez lui qu'un apprentif à la fois , qu'il ne pourra garder dans fa maifon pendant plus de quinze jours , fans lui faire paffer un brevet d'apprentiffage , & l'obliger au moins pour trois ans confécutifs , fans falaires ni gages ; & fans que le Maître, moyennant argent , préfent ou autrement, en quelque manière que ce foit , puiffe difpenfer fon apprentif dudit temps en tout ni en partie ; en forte que ledit Maître fera tenu , lorfqu'il en fera requis par les Jurés en charge, de repréfenter ledit apprentif, ou de la remife du brevet dudit apprentif aux Jurés de la communauté , en c as que ledit apprentif l'eût quitté ; à peine d'être ledit apprentif déchu de parvenir à la maîtrife , & de cinquante livres d'amende contre le Maître. Il sera néanmoins permis auxdits Maîtres, dans les trois derniers mois dudit apprentissage, de prendre un autre apprentif.

LII.

Les Maîtres qui prendront des apprentifs seront tenus de venir au bureau pour y signer le brevet d'apprentissage, qui sera passé par le Notaire de la communauté, & ensuite sera enregistré au registre de ladite communauté : à l'effet de quoi l'apprentif sera tenu d'en lever à ses frais une expédition, & d'en fournir une copie collationnée auxdits Jurés ; & payera à la communauté la somme de dix livres, & à chacun des six Jurés trois livres, & aux quatre Contrôleurs ou Adjoints chacun une livre dix sols : lequel droit de préfence leur fera payé lors de leur fignature audit brevet : & dans le cas où quelques-uns defdits Adjoints ne fe trouveroit point au bureau , en ce cas le droit qui leur eft attribué tournera au profit de la communauté.

LIII.

Il fera tenu un regiftre dans le bureau de la communauté, fur lequel feront enregiftrés tous les brevets qui feront rapportés par les Maîtres, auffitôt que leurs apprentifs les auront quitté avant leur temps fini ; lefquels Maîtres figneront fur ledit regiftre, pour conftater la remife aux Jurés en charge, qui les remettront au plus tard dans la huitaine au Procureur au Châtelet de ladite communauté

munauté, afin d'obtenir fenten-
ces qui en prononcent la nullité.

LIV.

Lorfque les Jurés en charge
auront reçu l'ordonnance du fieur
Lieutenant - général de Police
pour affeoir le rôle de la Capita-
tion, ils feront tenus d'en faire
l'impofition en préfence des Anciens de la communauté, qui feront mandés à cet effet par billets imprimés en la manière accoutumée : duquel rôle feront
faits deux exemplaires, dont chaque cotte fera tranfcrite en toutes lettres, fans qu'il y ait aucuns
chiffres, à l'exception de ce qui
fera hors ligne, qui feront fignés
par lefdits Jurés & Anciens; dont
l'un fera remis au fieur Lieute-

nant-général de Police, & l'autre reſtera au bureau de la communauté, afin de vérifier, en cas de beſoin, ſi leſdits exemplaires ſe trouvent conformes.

L V.

Les Maîtres de ladite communauté pourront exercer la maîtriſe dans toutes les villes, bourgs & lieux du Royaume, pays, terres & ſeigneuries de notre obéiſſance ; ſans être tenus d'autres formalités que de faire ſignifier leurs lettres de maîtriſe à l'un des Jurés de la communauté des Boulangers de la ville, bourgs ou lieux dans leſquels ils voudront s'établir : & pareillement les apprentifs de Paris pourront ſe faire recevoir Maîtres dudit métier dans toutes lesdites villes, bourgs & lieux, sans qu'ils soient tenus de payer autre & plus grande somme, ni frais, que ceux des lettres de réceptions, & ce en faisant seulement apparoir de leur brevet d'apprentissage.

LVI.

La connoissance des contestations, procès, ou différends pour l'exécution desdits Statuts & Réglemens, appartiendra au Lieutenant-général de Police, & par appel au Parlement ; avec interdiction à toutes autres cours & juges d'en connoître, sous prétexte de privilèges, attribution, évocation, ou autres, tels que ce puisse être.

LVII.

Les fils de Maîtres des faux-bourgs saint Germain, saint Jacques, saint Marcel, saint Victor, dont les pères n'ont pas satisfait à l'arrêt de règlement du Conseil du 20 janvier 1719, & dans les temps y portés, ne pourront parvenir à la maîtrise de ladite communauté que comme étrangers, en faisant apprentissage & chef-d'œuvre, & payant la somme de quatre cent livres à la communauté, ainsi que tout autre simple apprentif aspirant à la maîtrise, outre & par-dessus les frais de chef-d'œuvre.

VU par Nous CLAUDE-HENRY FEYDEAU DE MARVILLE, Chevalier, Comte de Gien, Seigneur de Fontaine - Labbé & autres lieux, Conseiller du Roi en ses Conseils, Maître des Requêtes ordinaire de son Hôtel, Lieutenant-Général de Police de la Ville, Prévôté & Vicomté de Paris : Et FRANÇOIS MOREAU, Chevalier, Conseiller du Roi en ses Conseils d'Etat & Privé, Honoraire en sa Cour de Parlement & Grand'-Chambre d'icelle, Procureur de sa Majesté au Châtelet de Paris, premier Juge-Conservateur des Privilèges des corps des Marchands, Arts, Métiers, Maîtrises & Jurandes de la ville, fauxbourgs & banlieue de Paris, les nouveaux Statuts de la Communauté des Maîtres Boulangers de ladite ville & fauxbourgs, contenant cinquante-sept articles :

Notre avis est, sous le bon plaisir du Roi & de Monseigneur le Chancelier, que lesdits Statuts, ne contenant rien qui soit contraire aux Réglemens de Police & au bien public, peuvent être accordés sans aucun inconvénient. Fait, ce dix-huit août mil sept cent quarante-six.

FEYDEAU DE MARVILLE.

MOREAU.

Regiſtrés, ce conſentant le Procureur-Général du Roi, pour jouir, par les Impétrans & ceux qui leur succéderont, de leur effet & contenu, & être exécutées ſelon leur forme & teneur, aux charges, clauſes & conditions portées par l'Arrêt de ce jour. A Paris, en Parlement, le ſix ſeptembre 1757. YSABEAU.

CONFIRMATION
DES STATUTS
POUR LA COMMUNAUTÉ
DES
MAITRES BOULANGERS
DE PARIS.

LOUIS, PAR LA GRACE DE DIEU, ROI DE FRANCE ET DE NAVARRE: A tous préſens & à venir, ſalut. La communauté des Maîtres Boulangers de notre bonne ville & fauxbourgs de Paris Nous ont fait repréſenter qu'en l'année 1719, ils firent dreſſer des Statuts & Réglemens, dont Nous leur accordâmes la confirmation ; mais que n'ayant pu prévoir alors différens arrangemens, qui étoient néceſ-

E iv

faires pour la bonne police &
une exacte discipline dans leur
communauté, dont la suite des
temps leur a fait sentir la néces-
sité; ils se seroient déterminés à
en faire rédiger de nouveaux,
qui ne sont qu'une explication de
différens articles de ceux de mil
sept cent dix-neuf; lesquels ayant
été présentés aux sieurs Lieutenant-général de police & Procureur pour Nous au Châtelet de
Paris, & par eux approuvés, il
ne leur reste que d'être par Nous
autorisés & confirmés: pourquoi
les Exposans Nous ont très-hum-
blement fait supplier de leur ac-
corder nos Lettres-patentes né-
cessaires. A CES CAUSES voulant,
favorablement traiter lesd. Exposans, & maintenir de plus en plus

le bon ordre dans une communauté dont l'objet mérite les plus grandes attentions, & de l'avis de notre Conseil qui a vu lesdits Statuts rédigés en cinquante-sept articles, ci-attachés sous le contre-scel de notre Chancellerie, Nous les avons agréés, approuvés, confirmés & autorisés, & de notre grace spéciale, pleine puissance & autorité royale, agréons, approuvons, confirmons & autorisons par ces présentes, signées de notre main ; voulons & Nous plaît qu'ils soient exécutés selon leur forme & teneur par ceux qui composent ou composeront la communauté desdits Maîtres Boulangers, leurs successeurs, & tous autres, sans qu'il y soit contrevenu en quelque sorte & manière que ce soit, sous les peines y portées. Pourvu toutefois qu'au contenu desdits Statuts il n'y ait rien de contraire aux us & coutumes, ni préjudiciable à nos droits & à ceux d'autrui. Si DONNONS EN MANDEMENT à nos amés & féaux Conseillers les gens tenans notre cour de Parlement à Paris, Prévôt de ladite ville, ou son Lieutenant-général de Police, & à tous autres nos Officiers & Justiciers qu'il appartiendra, que ces présentes ils aient à faire regiftrer, & leur contenu exécuter pleinement, paisiblement & perpétuellement, cessant & faisant cesser tous troubles & empêchemens, & nonobstant toutes choses à ce contraires. CAR TEL EST NOTRE PLAISIR. Et afin que ce

foit chofe ferme & ftable à toujours, nous avons fait mettre notre
fcel à cefdites préfentes. Donné à
Bruxelles, au mois de mai, l'an de
grace mil fept cent quarante-fix,
& de notre règne le trente-uniè-
me. *Signé*. LOUIS. Par le Roi,
PHELIPPEAUX. *Vifa*. DAGUES-
SEAU.

*Regiftrées, ce confentant le Pro-
cureur-général du Roi, pour jouir,
par les Impétrans & ceux qui leur
fuccéderont, de leur effet & contenu, & être exécutées felon leur forme & teneur, aux charges, claufes
& conditions portées par l'arrêt
de ce jour. A Paris, en Parlement,
le fix feptembre mil fept cent cin-
quante-fept.*

YSABEAU.

ARREST

D'ENREGISTREMENT.

EXTRAIT DES REGISTRES
du Parlement.

Vu par la Cour les Lettres patentes du Roi, données à Bruxelles au mois de mai mil sept cent
quarante-six, signées. LOUIS,
& sur le replis, *par le Roi*, PHE-
LIPPEAUX, *visa* DAGUESSEAU,
& scellées du grand sceau de cire
verte en lacs de soie rouge . &
verte, obtenues par la communauté des Maîtres Boulangers de
la ville & fauxbourgs de Paris;
par lesquelles, pour les causes y
contenues, le Seigneur Roi a

agréé, approuvé, confirmé & au-
torifé les nouveaux Statuts de ladite communauté rédigés en cin-
quante-fept articles, attachés fous
le contrefcel defdites lettres patentes, veut & lui plaît qu'ils
foient exécutés felon leur forme
& teneur, par ceux qui compofent ou compoferont la communauté defdits Maîtres Boulangers,
leurs fuccefleurs & tous autres,
fans qu'il y foit contrevenu en
quelque forte & manière que ce
foit, fous les peines y portées;
pourvu toutefois qu'au contenu
defdits Statuts, il n'y ait rien de
contraire aux us & coutumes, ni
préjudiciable aux droits dudit
feigneur Roi & à ceux d'autrui,
ainfi qu'il eft plus au long contenu èfdites lettres patentes à la

Cour adreſſantes. Vu auſſi leſdits Statuts en cinquante-ſept articles attachés ſous le contre-ſcel deſdites lettres patentes : l'arrêt de la Cour rendu ſous les concluſions du Procureur général du Roi, le vingt-trois mai mil ſept cent cinquante-ſix ; par lequel, avant faire droit, il auroit été ordonné que leſdites lettres patentes & leſdits Statuts ſeroient communiqués au Lieutenant général de Police, & au ſubſtitut du Procureur général du Roi au Châtelet, pour donner leurs avis ſur leſdites lettres patentes & Statuts, qui ſeroient auſſi communiqués aux Jurés & communauté des Maîtres Boulangers de la ville & fauxbourgs de Paris, tous convoqués & aſſemblés en la manière accoutumée , pour donner leur confentement à l'enregiftrement & exécution defdites lettres patentes & Statuts, ou y dire autrement ce qu'ils aviferoient bon être ; pour, le tout fait & rapporté, audit Procureur général du Roi communiqué , être par lui requis ce qu'il appartiendroit : l'avis des Lieutenant général de Police & du fubftitut du Procureur général au Châtelet, du neuf août mil fept cent quarante-fix ; par lequel ils obfervent à la Cour , que, par la communication qu'ils ont prifes defdites Lettres patentes & Statuts, ils n'y ont rien trouvé qui ne foit très - convenable & très - utile pour rétabir le bon ordre & la police dans ladite communauté, tant par rapport au bien & au service public, que pour ce qui concerne l'intérêt particulier de la communauté & de tous les Maîtres qui la compofent : qu'ils croyent cependant que l'article XXXVI defdits Statuts, contenant défenfes aux Maîtres Boulangers de Paris de faire rouler dans les rues des charettes remplies de pain, pour les diftribuer & vendre au public, peut mériter quelque interprétation, dans la crainte que quelque Juré de mauvaife humeur ne s'en fervît pour faire revivre une conteftation qui s'eft déjà élevée dans cette communauté, & qui a été terminée par un arrêt de la Cour du cinq février mil fept cent quarante-fix, qui a confirmé une

fentence

ſentence de Police du dix-ſept juillet mil ſept cent quarante-quatre ; par laquelle les Maîtres Boulangers, demeurans dans les fauxbourgs de Paris, ont été maintenus dans le droit & la poſ-ſeſſion de ſe ſervir de charettes & de chevaux avec des paniers pour envoyer du pain à leurs pratiques, avec défenſes aux Ju-rés Boulagers de les y troubler à l'avenir : que l'on pourroit pré-venir l'inconvénient d'un nou-veau procès & de nouvelles di-viſions à ce ſujet, en inſérant une exception dans ledit article, & y ajoutant ces mots : A l'ex-ception des Maîtres Boulangers demeurans dans les fauxbourgs de Paris, qui auroient toujours le droit de ſe ſervir, s'ils le ju-

F

gent à propos, de charettes &
de chevaux avec des paniers,
pour envoyer du pain à leurs pratiques : que, par ces considéra-
tions, leur avis est, sous le bon plaisir de la Cour, que lesdites lettres-
patentes & Statuts peuvent être
enregistrés selon leur forme & teneur, en ajoutant toutefois au
trente-sixième article desdits Statuts ce qu'ils ont pris la liberté
de proposer à la Cour ; & qu'il
seroit enjoint aux Jurés de ladite
communauté de tenir la main à
leur exécution, & de les infor-
mer très-exactement des contra-
ventions qui y seroient faites : le
procès-verbal dressé par le Sub-
stitut du Procureur-général du Roi
au Châtelet, le deux juin mil sept
cent quarante-six, contenant les

comparutions pardevant lui des Jurés en charge de ladite communauté & des Anciens, Modernes, & Jeunes Maîtres Boulangers, & leur consentement à l'enregistrement desdites lettres-patentes & Statuts, pour être exécutés selon leur forme & teneur : deux actes signifiés au Procureur-général du Roi les vingt-six février mil sept cent quarante-quatre, & onze juin mil sept cent quarante-six, à la requête de François Cousin, Jean Petit, Jacques Barré, Louis Dechard, François Labbé, Charles Cousin, Jean-Pierre Monteauteaux, François Barré, & Claude Dupui, tous Maîtres Boulangers de ladite ville & fauxbourgs de Paris ; & le deuxième à la requête de

Louis Deschard , Juré en charge de ladite communauté , Pierre Beaujean, ancien Juré, Pierre Lepage , François Cousin , & Jean-Baptiste Gouillard , tous trois Maîtres Boulangers , par lesquelles ils s'opposent à l'enregistrement de tous nouveaux Statuts & lettres - patentes qui auroient pu avoir été obtenues par la communauté desdits Maîtres Boulangers de Paris , & ce pour les causes & raisons qu'ils déduiroient en temps & lieu : d'autres actes signifiés audit Procureur-général du Roi , les seize & dix-sept mai mil sept cent quarante-six , portant main-levée de l'opposition formée par ledit acte du vingt-six février mil sept cent quarante - quatre , par les y dénommés : trois actes passés devant Armet & son confrère, Notaires au Châtelet, les onze décembre mil sept cent cinquante-deux, trente juillet , & quinze novembre mil sept cent cinquante-six, portant pareillement mainlevée de l'opposition formée par les dénommés audit acte à lui signifié le onze juin mil sept cent quarante-six, ensemble la requête présentée à la Cour par lesdits Impétrans , afin d'enregistrement desdites lettres-patentes & Statuts : conclusions du Procureur-général du Roi : ouï le rapport dè maître Louis - Charles - Vincent de Salaberry , Conseiller : tout considéré ;

La Cour ordonne que lesdites lettres-patentes & Statuts seront regiſtrés au greffe d'icelle, pour jouir, par les Impétrans & ceux qui leur ſuccéderont, de leur effet & contenu, & être exécutés ſelon leur forme & teneur; à la charge, conformément à l'avis du Lieutenant-général de Police, & du Subſtitut du Procureur général duRoi au Châtelet, qu'il ſera ajouté à l'article XXXVI deſdits Statuts les mots ſuivans: A l'exception des Maîtres Boulangers demeurans dans les fauxbourgs de Paris qui auront toujours le droit de ſe ſervir, s'ils le jugent à propos, de charettes & de chevaux avec des paniers, pour envoyer du pain à leurs pratiques : enjoint aux Jurés de ladite communauté de tenir la main à l'exécution deſdits Statuts, & d'in-

former très-exactement le Lieutenant-général de Police, & le
Subſtitut du Procureur général du
Roi au Châtelet, des contraven-
tions qui y ſeroient faites. FAIT
en Parlement, le ſix ſeptembre
mil ſept cent cinquante-ſept.

Collationné. DE ROCROLLE.

DUFRANC.

EXTRAIT

DES MINUTES

DU GREFFE DE LA CHAMBRE

DE POLICE

DU CHASTELET DE PARIS.

Du 6 août 1756.

Sur ce qui nous a été remontré par le Procureur du Roi, qu'il est informé qu'au préjudice des Sentences par nous rendues les quinze février mil sept cent trente-huit, & dix-huit juin mil sept cent quarante-neuf, qui ordonnent, conformément à l'article XL des Statuts de la communauté des maîtres Boulangers de cette ville, que les compagnons Boulangers ne pourroient à l'avenir quitter

ter les Maîtres, & les veuves de Maîtres chez lesquels ils travailleroient, sans les avoir avertis quinze jours avant, & pris d'eux un certificat de leur bonne vie & mœurs, portant consentement de servir ailleurs, à peine de vingt livres d'amende; & font défenses auxdits Compagnons de cabaler, à peine de prison; & aux maîtres de Cabarets, Auberges & Chambres garnies, de les recevoir, qu'ils n'eussent représenté lesdits certificats sus énoncés, à peine de pareille amende; & fait en outre défenses auxdits Compagnons de s'attrouper les lundis & jeudis au Poids-le-Roi à la Halle, d'insulter les Jurés, les Maîtres, veuves de Maîtres, & les Clercs de ladite

communauté , à peine de pri-
fon , & d'être procédé contre
eux extraordinairement : la plu-
part des garçons Boulangers af-
fectent journellement de quitter & abandonner leurs Maîtres
les veilles des jours de marchés,
& autres jours qu'ils ont plus
d'ouvrages ; ce qui met lefdits
Boulangers hors d'état & dans
l'impoffibilité de fournir leurs
places dans lefdits marchés, &
de garnir leurs boutiques : que
lefdits Garçons Boulangers fe
retirent tant chez d'autres Maîtres , qui les reçoivent inconfi-
dérément , que chez des lo-
geurs à eux affidés, qui les retirent fans certificats , au préjudice defdites défenfes portées
par les Réglemens de Police &

que cefdits Compagnons s'af-
femblent en grand nombre, tant
aux portes des Jurés de ladite
communauté, qu'en d'autres en-
droits de cette ville, où ils font
des cabales entr'eux, pour faire
la loi aux Maîtres & Veuves de
ladite communauté fur les gages qu'ils veulent exiger : que
plufieurs autres de ces Compagnons qui ne travaillent point
font commerce de placer leurs
camarades, dont les Jurés de
ladite communauté reçoivent
continuellement des plaintes ,
tant de la part des Maîtres &
Veuves de Maîtres, que d'autres particuliers : que, parmi
ces mêmes Compagnons, il en
eft nombre d'errans & fans condition, qui vont pendant la nuit

à heure indue frapper à la porte du Clerc de ladite communauté, pour le forcer de leur trouver des boutiques, s'y attroupant, & caufent un fcandale confidérable; ce qui expofe le Clerc de ladite communauté à être infulté par lefdits Garçons : Et comme ces infultes font très-fréquentes, & pourroient encore augmenter à l'avenir, il étoit du devoir & du miniftère de lui Procureur du Roi, de faire ce qui étoit en lui, pour les prévenir & en arrêter le cours : A CES CAUSES, requéroit le Procureur du Roi qu'ils nous plût y pourvoir. Sur quoi faifant droit, fur le réquifitoire & conclufions par écrit du Procureur du Roi ; nous ordonnons que les

Statuts de la communauté des maîtres Boulangers de la ville & fauxbourgs de Paris , & les Sentences , Réglemens & Ordonnances de Police concernant ladite communauté , feront exécutés felon leur forme & teneur; & en conféquence, que, conformément à l'article XL defdits Statuts , les Compagnons Boulangers ne pourront à l'avenir quitter les Maîtres & Veuves de Maîtres chez lefquels ils travailleront , fans les avoir avertis quinze jours auparavant de leur fortie , & pris d'eux un certificat par écrit de leur bonne vie & mœurs, portant confentement de fervir où bon leur femblera , à peine de vingt livres d'amende : Leur faifons défenfes de s'afſembler & de cabaler dans les Cabarets, Auberges, Chambres garnies, & autres lieux de cette ville & fauxbourgs, à peine de priſon; & aux Maîtres & Veuves de Maîtres de ladite communauté, & aux maîtres de Cabarets, Auberges & Chambres garnies de les recevoir qu'ils n'aient repréſenté leur certificat ſus énoncé, à peine de pareille ſomme d'amende contre les contrevenans: Permettons aux Jurés de ladite communauté de ſe tranſporter dans les Cabarets, Auberges, Chambres garnies, & autres lieux, à l'effet de faire empriſonner les Compagnons qui ſe trouveront ſans certificat: Ordonnons que notre préſente Sentence ſera tranſcrite ſur les regiftres de ladite communauté, imprimée, lue, publiée & affichée dans le Bureau, aux portes de chacun des Maîtres , & veuves de Maître de ladite communauté , & dans tous les lieux & carrefours accoutumés de cette ville & fauxbourgs de Paris, & par-tout où befoin fera ; & exécutés nonobftant oppofitions ou appellations quelconques, & fans y préjudicier. Ce fut fait & donné par Meffire Nicolas-René Berryer, Chevalier, Confeiller d'Etat, Lieutenant-général de Police de la ville, Prevôté & Vicomté de Paris, les jours & an que deffus.

Signé. VIMONT, Greffier, *avec paraphe.*